LE TIR

DE L'INFANTERIE.

IMPRIMERIE DE COSSE ET J. DUMAINE, RUE CHRISTINE, 2.

LE TIR

DE L'INFANTÈRIE

PAR E. FRANÇOIS,

LIEUTENANT AU 86e RÉGIMENT D'INFANTERIE DE LIGNE.

On ne pourra pas plus aujourd'hui qu'autrefois décider la victoire en se fusillant de loin. Les batailles ne seront pas davantage que par le passé des duels à la carabine.

JOMINI.

PARIS,

LIBRAIRIE MILITAIRE,

J. DUMAINE, LIBRAIRE-ÉDITEUR DE L'EMPEREUR,

RUE ET PASSAGE DAUPHINE, 30.

1864

A MONSIEUR LE COLONEL

ET

MESSIEURS LES OFFICIERS DU 86e DE LIGNE.

MESSIEURS,

J'ai l'honneur de vous présenter quelques réflexions sur les armes à feu portatives, leur emploi et leur influence à la guerre.

Depuis l'adoption des armes de précision et surtout depuis qu'on les a données à toute l'infanterie, les théories les plus contradictoires se sont élevées sur l'efficacité de ces armes, les modifications qu'on doit y apporter, les changements qu'elles entraîneront dans la tactique.

En écrivant ces pages, je n'ai pas la prétention de fixer enfin les idées, ni même d'examiner dans tous ses détails un plan aussi vaste dont les développements sont bien au-dessus de mes forces et de mon expérience. Je voudrais seulement appeler votre attention sur quelques points principaux, et particulièrement sur les remarques que m'ont suggérées l'étude et la pratique des armes depuis plusieurs années.

Les expériences du camp de Châlons auxquelles le 86e a pris part pour une des principales questions à examiner me permettront de discuter avec plus de confiance, parce qu'elles ont été établies sur une grande échelle et que l'on a apporté le plus grand soin à conserver aux plus petits détails toute leur importance ; parce qu'elles ont eu pour juges non-seulement les hommes spécialement compétents, mais que chaque fois elles ont été livrées à la connaissance et à l'appréciation des officiers de tout un corps d'armée.

Si je suis assez heureux pour que ce travail vous paraisse de quelque valeur ; si je puis surtout contribuer à faciliter vos observations sur une question de la plus haute importance aujourd'hui, ce sera pour moi une noble récompense, un encouragement à continuer des études dont le but sera toujours de me rendre utile au régiment auquel j'ai l'honneur d'appartenir.

FRANÇOIS,

Lieutenant au 86e régiment de ligne.

Metz, novembre 1863.

LE TIR
DE L'INFANTERIE.

PREMIÈRE PARTIE.

ARMES RAYÉES. — LEUR MODE D'EMPLOI. — LEUR INFLUENCE A LA GUERRE.

Adoption générale des armes rayées. — La puissance de ces armes fait exagérer leur influence à la guerre. — Ce que c'est qu'une arme de précision. — Le tir à la distance du but en blanc naturel, seul efficace pour l'infanterie de ligne. — Expériences du camp de Châlons. — La supériorité des fusils rayés sur les fusils lisses n'est pas seulement dans la justesse à de grandes distances. — Rôle des hommes munis d'armes à longue portée. — Progrès de l'artillerie. — Réflexions sur la cavalerie.

I

Lorsqu'on étudie l'histoire des armes, on demeure justement étonné de l'état grossier dans lequel resta si longtemps l'art du tir. A chaque pas on rencontre les éléments de succès qui aujourd'hui se trouvent si heureusement combinés dans nos armes : pointage à l'aide de visières et de guidons ; projectiles sphériques, elliptiques, coniques, en plomb, en fonte ou en airain ; rayures de toutes sortes pratiquées sur l'âme du canon ; sociétés de tir à l'arquebuse à Bâle,

Bruxelles, Gand, Anvers, dès l'année 1475. Et cependant on ne trouve que quelques inventions dont l'influence se soit fait sentir de loin en loin dans la tactique générale.

C'est que tous les éléments de succès étaient épars; on ne se les communiquait pas; on n'étudiait guère avec suite; point d'observation, point de méthode. L'on est émerveillé des effets de la poudre, et l'on se sert de ce moyen de projection sans l'étudier dans ses effets, sans rechercher comment il est modifié par les instruments employés ou par les circonstances dans lesquelles il agit.

Ce n'est que beaucoup plus tard, de nos jours, que l'on a expérimenté avec ordre, marché d'inductions en inductions, déduit des principes leurs conséquences; que l'on a reconnu que modifier une des conditions de justesse des armes c'était changer les relations, l'équilibre des autres; que l'on a procédé scientifiquement enfin.

Il a fallu près de 400 ans pour vaincre la difficulté provenant du recul, augmenter la rapidité du tir, rendre l'arme à feu propre à l'attaque et à la défense, en un mot pour arriver au fusil tel qu'il existait pendant les guerres de Frédéric II.

Malgré ces progrès, malgré le génie de l'homme dont les institutions formaient il y a peu d'années la base de nos manœuvres, le tir de l'infanterie était encore dans l'enfance.

Il manquait aux armes à feu une de leurs propriétés essentielles, la justesse; il manquait au soldat la possibilité d'user de cette justesse, c'est-à-dire une certaine indépendance de mouvements: les feux en usage étant alors les feux à commandement.

Il appartenait aux guerres de la révolution de développer pour la première fois les capacités individuelles, de substituer aux feux d'ensemble les feux de tirailleurs, où la précision du tir et l'intelligence du tireur décident en partie du sort des batailles. On put dès lors étudier la justesse des armes avec la certitude de son application à la guerre ; c'est là le résultat de recherches approfondies, d'études journalières, c'est l'œuvre des trente dernières années.

Depuis 1826 le forcement au fond du canon de la balle sphérique et plus tard du projectile allongé ; le forcement par l'expansion des gaz et les relations découvertes entre les rayures, les charges, le poids et la forme des projectiles ont permis de donner les armes rayées aux bataillons de chasseurs, puis à l'infanterie de la garde et enfin à toute l'infanterie en 1858. On a doublé la portée des armes et rendu familiers au soldat des effets de justesse qui au commencement de ce siècle auraient paru chimériques.

Aussi la puissance des armes rayées causa-t-elle presque autant d'étonnement que les premières armes à feu. A peine commençait-on à s'en servir que déjà on exagérait leurs effets. Il est vrai que l'énorme différence entre les armes qu'on abandonnait et celles qu'on venait d'adopter amenait naturellement cette exagération. Les expériences du polygone où l'on réunit avec soin les conditions physiques et morales qui permettent à l'homme de tirer parti de toutes les propriétés de son arme, firent appeler pratique ce qui n'est en réalité qu'une application toute spéciale. Sans doute on ne négligea pas entièrement cette influence, mais on se contenta d'en tenir compte dans une proportion insignifiante.

Du polygone au champ de tir des régiments, et même au champ de bataille, point de transition. De là une tendance reproduite par nos théories et nos règlements sur l'instruction du tir et accueillie généralement avec empressement. De là des préjugés qui aujourd'hui passent pour des axiomes.

On fut tenté de croire que deux troupes d'infanterie en regard l'une de l'autre ne tarderaient pas à se trouver réduites de moitié ; que les résultats à la guerre seraient complétement changés ; que l'infanterie de ligne pourrait désormais se rendre redoutable aussi loin que la vue peut s'étendre. Il suffit, dit-on, pour cela de lui donner les armes de précision réservées à tort jusqu'à présent à une faible portion de l'armée. On s'étonne de ce que déjà on n'ait pas au moins muni le fusil d'une hausse ; c'est un retard inexplicable, c'est vouloir, malgré l'évidence, priver l'infanterie des effets de son arme, la condamner obstinément à l'infériorité relativement aux corps dont les armes portent une hausse. Ce petit instrument, en un mot, semble devoir opérer une révolution complète.

En cherchant à résoudre ces diverses questions, je dois me hâter de dire que je ne viens nullement faire leur procès à des perfectionnements que personne plus que moi n'apprécie et n'admire, et dont j'ai fait depuis plusieurs années mes études de prédilection. Mais ce que je veux combattre, c'est l'exagération même de la confiance qu'inspirent les armes rayées. En ne s'attachant qu'aux faits, au raisonnement, en ne se laissant pas aller à des théories de fantaisie, on ne se privera pas des ressources qu'apporte l'usage général de ces armes, on ne risquera pas d'en tirer des conséquences erronées dans leur application à la guerre.

II

Voyons d'abord ce que c'est qu'une arme de précision.

L'arme de précision telle qu'on l'entend habituellement est celle qui permet à un bon tireur, dans des circonstances identiques, d'atteindre le plus petit but possible, ou de ne s'en écarter que d'une manière insensible. Cette définition n'est pas assez générale pour une arme de guerre : il faut ajouter qu'elle doit conserver sa justesse à une grande distance.

C'est cette dernière condition qui a le plus séduit ceux qui demandent que l'infanterie de ligne use de toute la portée de son arme.

On ne s'est pas contenté de voir dans le fusil une arme de précision, on a voulu aussi en faire une arme à longue portée. Et cela, sans approfondir le rôle de l'infanterie de ligne à la guerre, son mode d'action, et la nature même des armes qu'on réclamait pour elle.

Dire d'une arme qu'elle est de précision, c'est indiquer qu'elle exige de la part du tireur une grande précision dans la manière de s'en servir. J'insiste sur ce fait parce que je sais que bien des personnes se figurent vaguement qu'avec une telle arme on obtient des résultats extraordinaires sans s'astreindre à des précautions toutes particulières. L'arme de précision doit accuser la moindre erreur, la moindre négligence du tireur. Sitôt que dans un instrument de précision quel qu'il soit, l'une des conditions essentielles à sa régularité vient à faire défaut, les effets changent ou plutôt ne sont pas ce que l'on attendait. Un mauvais tireur n'obtient pas plus de succès avec une très-bonne arme qu'avec celle dont il se sert habituellement, fût-elle de beaucoup inférieure à l'autre.

Pour obtenir d'une arme de précision à longue portée tout ce qu'elle peut donner, il faut : 1° connaître la distance à laquelle on se trouve du but ; 2° donner une direction irréprochable à la ligne de mire.

De là deux idées corrélatives, qu'il ne faut pas perdre de vue dans l'emploi des armes de précision : l'usage de la hausse et l'appréciation des distances.

On ne peut apprécier la distance qu'à la vue simple, puisque jusqu'ici tous les instruments proposés cessent de donner des indications exactes à partir de 200 ou 250 mètres. Et d'ailleurs je ne suppose pas que leur usage puisse devenir assez commode pour que chaque soldat en soit pourvu. Le seul instrument de ce genre admissible à la guerre serait celui dont l'usage se confondrait avec celui de la hausse et ne compliquerait pas davantage le maniement de l'arme.

L'appréciation des distances demande des études spéciales et presque journalières, un coup d'œil sûr, et un certain temps nécessaire au moment même de l'application. Les expériences qui lui ont servi de base, faites sur la disparition successive de certaines parties du corps, de l'armement ou de l'habillement, ne peuvent donner que des indications très-générales et bien insuffisantes pour que les hommes en retirent quelque profit. Elles cessent évidemment d'offrir quelque certitude pour peu que le terrain ne se prête pas à l'observation, ou lorsque les objets viennent à changer. Qu'un soldat exercé pendant longtemps à apprécier les distances sur des fantassins munis de pantalons rouges, de shakos, d'épaulettes rouges, etc..... se trouve en face d'un tout autre uniforme, que fera-t-il de son instruction? Il est essentiel de ne donner au soldat, surtout en ce qui touche au tir, que des règles qui ne laissent aucun doute dans son esprit, dont il puisse facilement faire l'application. Or, c'est précisément aux distances rapprochées, de 100 à 300 mètres, que l'exacte appréciation exige le souvenir d'une foule de règles qui sont loin d'être les mêmes pour toutes les vues. Il faut que chaque homme se fasse une théorie, qu'il étudie sur le terrain d'exercice les différentes formes sous lesquelles tel ou tel objet se présente à lui suivant la distance, et qu'ensuite il fasse un travail en sens inverse pour juger par comparaison quand la distance lui est inconnue.

Après tous ces efforts il se figure un chiffre quelconque qui diffère toujours d'une centaine de mètres au moins de la distance vraie. Ce n'est pas trop dire que pour chaque distance il y a au moins six observations à retenir, ce qui fait pour cinq distances seulement trente règles qu'il est obligé de se créer à lui-même.

J'en appelle aux hommes pratiques, et je leur demande s'ils pensent qu'un soldat puisse jamais arriver à garder au delà de quelques jours la mémoire des détails multiples qu'on aura péniblement confiés à son intelligence.

Je crois que le seul exercice réellement profitable est celui qui vient de l'habitude du tir.

L'homme finit par se mettre dans l'œil, si je puis dire, les distances auxquelles il tire ordinairement. C'est un travail qui se fait chez lui peu à peu, sans qu'il s'en doute, et il parvient à se rendre compte de la distance comme le chasseur et le braconnier. Qu'on interroge deux hommes, l'un formé à l'appréciation des distances réglementaire, l'autre habitué aux distances du tir à la cible, et je crois que les résultats seront les mêmes ; seulement l'un n'aura que le fruit passager d'une instruction spéciale qui n'est bonne que dans des cas particuliers, l'autre se tirera d'affaire pour ainsi dire d'instinct.

Il ne faut donc pas espérer des méthodes d'instructions relatives à l'appréciation des distances tous les progrès qu'elles semblent d'avance garantir au soldat. Elles ne sont utiles qu'aux officiers. Eux seuls peuvent suppléer suivant les cas à ce qu'elles ne sauraient prévoir; eux seuls ont le calme, l'intelligence et le temps nécessaires à la guerre pour guider leurs hommes, régler leur tir. Et cela, joint à cette sorte d'instinct que l'homme a gagné aux exercices du polygone doit suffire dans toutes les circonstances.

Le but à atteindre à la guerre ne se réduit pas à un point, mais comporte toute la hauteur de l'homme. Comme la trajectoire s'infléchit de plus en plus, il en résulte que l'espace dangereux va en diminuant lorsque la distance augmente, et que le soldat doit connaître exactement les limites d'emploi de chaque ligne de mire. Il lui faut donc beaucoup d'étude, une bonne mémoire, et une attention de tous les instants, presque pour chaque coup qu'il devra tirer.

Supposons que le soldat combatte en ordre dispersé et qu'il soit à 400 mètres de l'ennemi; la hausse doit être réglée pour cette distance; il faut un certain nombre de coups d'essai pour s'en rendre compte: c'est la seule manière d'y arriver, et encore n'a-t-on pas ici la facilité d'observation qu'on a avec le boulet, vu la petitesse du projectile. Il faudra de la part des hommes une grande attention pour remarquer le mouvement produit dans la ligne ennemie, et en tirer des conséquences. L'une ou l'autre ligne vient à marcher : si alors le soldat continue de tirer avec la même hausse, son tir au bout de quelques secondes sera complétement défectueux. Donc, il sera forcé, sous peine de voir ses projectiles perdus, de bien se rappeler le nombre de pas qu'il a marché en avant ; de voir si cette nouvelle quantité ajoutée à la précédente est comprise dans les limites d'emploi de sa ligne de mire ou s'il doit en prendre une autre. Puis il s'arrêtera pour régler mécaniquement sa hausse, et il ne devra pas se tromper de quelques dixièmes de millimètre, car la portée serait tout autre que celle qu'il veut obtenir.

Tous ces calculs faits, il pourra enfin tirer, en admettant toutefois que l'ennemi n'ait fait aucun mouvement pendant ces opérations.

A chaque pas il sera obligé de recommencer le même travail.

Et ce ne sont pas les seules difficultés que le soldat ait à vaincre ; il lui en reste une autre presque aussi grande : il s'agit de diriger l'arme sur le point donné.

Ceux qui ont quelque pratique des armes savent quelle délicatesse de pointage exigent le cran de mire et le guidon, dont les plus petites variations donnent au projectile une direction complétement fausse quand la distance devient considérable. Au pointage se rattachent les corrections indispensables à faire suivant l'état de la poudre, l'encrassement de l'arme, la température, la lumière. Tout a une influence dans une arme de précision ; les plus petites causes de déviation, sans effets sensibles aux distances rapprochées, produisent des écarts considérables sitôt que la distance augmente. Le soldat doit avoir constamment présents à l'esprit les cas multiples auxquels il doit subordonner l'usage de son arme.

Se rend-on bien compte de ces conditions indispensables à remplir à la guerre?

Pense-t-on qu'on puisse espérer des hommes assez de calme, assez d'habitude du tir pour se servir de leur arme comme dans un polygone? Combien y aura-t-il de tirailleurs qui chercheront leur ennemi pour l'ajuster avec le plus de chances possibles? Qui ne sait la difficulté qu'on rencontre dans les régiments, après les exercices les plus sérieusement dirigés, à faire acquérir à un petit nombre d'hommes l'adresse nécessaire pour tirer de leur fusil ce qu'il peut donner même aux petites distances? N'est-ce pas assez pour eux de viser d'une seule façon, quand ils n'ont à s'occuper ni de la distance ni de l'élévation du cran de mire!

On trouve déjà trop long le temps qu'on passe aux exercices de tir ; on ne consent qu'avec peine à leur sacrifier quelques rapides séances enlevées, dit-on, aux exercices habituels; on raccourcit le plus possible un enseignement qui n'est que trop superficiel. Que serait-ce donc si les hommes devaient étudier l'usage de la hausse? C'est alors qu'on pourrait blâmer avec raison une instruction qui deviendrait trop spéciale, qui à elle seule absorberait le temps et les soins que réclament les autres.

Les armes de précision à longue portée exigent une instruction, une aptitude, un genre de combat tout particuliers, et ne peuvent être données à un grand nombre d'hommes, c'est-à-dire à la majorité de l'infanterie. Cette partie de l'armée, réunissant des hommes pour ainsi dire pris au hasard, doit satisfaire à des conditions assez simples pour que chacun y puisse jouer son rôle. Elle doit être manœuvrière et mobile; pouvoir par sa cohésion résister ou attaquer, et connaître assez le tir pour donner des feux efficaces soit en ligne, soit en tirailleurs.

III

L'emploi de la hausse, que bien des personnes préconisent afin d'utiliser la grande portée de nos fusils, me semble illusoire s'il n'est pas nuisible à l'infanterie. Uni à la mobilité, le tir rend le fantassin partout redoutable, et ce serait donner aux hommes de mauvaises habitudes que de leur enseigner l'usage d'un instrument qui n'aurait d'autre effet que de retarder leur mobilité.

Au camp de Châlons, pendant les expériences comparatives sur les armes à hausse et sans hausse, on a fait marcher une ligne de tirailleurs en avant depuis 700 mètres jusqu'à 200 mètres du but, et en retraite depuis 200 jusqu'à 700, soit en tout 1000 mètres. Les hommes appréciaient la distance, réglaient le pointage à l'aide du pouce ou des deux lamettes, en un mot cherchaient à utiliser le plus possible la portée de leur arme; il a fallu quarante-huit minutes, plus de trois quarts d'heure pour effectuer ce mouvement dans un polygone!

Est-ce là la marche habituelle de l'infanterie en rase campagne? Que serait-elle donc si au lieu de ces hausses, qui ne demandaient que peu de temps pour régler le pointage, les tireurs se fussent servis de hausses à curseur, plus précises à la vérité, mais qui demandent à chaque instant une opération toute particulière?

Que ferait, je le demande, une troupe qui perdrait la moitié de son temps à apprécier les distances, à régler la hausse de son arme, et le tout pour arriver souvent à peu de chose? Ne sait-on pas que surtout en France, pour une troupe qui va à l'ennemi, s'arrêter c'est déjà presque reculer?

L'infanterie ne doit pas perdre de temps à des tireries presque toujours inutiles. Elle doit marcher vivement au but et commencer son feu au plus tôt à la distance du but en blanc naturel, là où l'homme n'a qu'à abattre son arme pour avoir quelque chance d'atteindre. Dans cette limite seulement il peut impunément commettre des erreurs dans l'appréciation des distances, car il est sûr que tout ce qui se trouve entre lui et le but en blanc sera touché par ses projectiles.

Si un chef imprudent faisait commencer le feu plus tôt, en admettant qu'il eût fait à ses hommes certaines recommandations relativement à la direction de la ligne de mire, il arriverait : 1° que tous les coups au delà du but en blanc seraient à peu près perdus; 2° que lorsque l'ennemi arriverait à cette distance, les trois quarts des hommes continueraient de viser de la même façon, et neutraliseraient ainsi les effets de leurs armes aux distances rapprochées.

Mais, dira-t-on, si l'ennemi envoie des balles de plus loin, comment empêcher les hommes de tirer? Leur confiance ne sera-t-elle pas diminuée par leur inaction?

A cela je répondrai que les officiers doivent faire comprendre à leurs hommes que ce n'est pas en ripostant qu'ils empêcheront quelques projectiles d'arriver jusque sur eux, et que le bruit de leurs armes ne les garantira pas du danger. Il est donc nécessaire de leur enseigner de façon à le graver profondément dans leur esprit, qu'un homme faisant le feu à volonté, soit isolément, soit même dans le feu de deux rangs, ne doit jamais tirer que quand il a un but au bout de son fusil.

Si la lenteur et l'incertitude du tir sont le résultat de la hausse et des feux aux grandes distances, lorsque le soldat combat en tirailleurs, est-il nécessaire d'insister sur ces inconvénients quand il tirera dans le rang ? Enivré par le bruit, par la fumée, préoccupé de l'idée de tirer le plus vite possible, gêné par ses voisins, il lui sera bien plus impossible encore de mettre en pratique les conditions sans lesquelles son arme ne vaut pas mieux qu'une autre beaucoup plus mauvaise.

Quand même on aurait trouvé le moyen d'apprécier immédiatement les distances et de pouvoir commettre impunément de grandes erreurs, ce ne serait pas une raison pour que l'infanterie de ligne fît usage des armes à longue portée : son rôle et son mode d'action s'y opposent.

Lorsqu'une troupe d'infanterie se met en mouvement pour en attaquer une autre, enlever une position, s'opposer à un effort de l'ennemi, elle adopte généralement l'ordre mixte : colonnes peu profondes aux ailes, reliées par des tirailleurs ou par une troupe déployée. On s'avance rapidement vers l'ennemi ; les colonnes soutenues par le feu des tirailleurs ébranlent sa contenance, le chargent vigoureusement, jettent le désordre dans ses rangs. Est-ce parce que les armes rayées portent plus loin et plus juste que l'infanterie ne fera plus de même à l'avenir? Les combats se borneront-ils à un échange plus ou moins long de coups de fusil, jusqu'à ce que l'une des deux lignes cède la place pour aller recommencer son feu plus loin; et toujours les deux lignes conservant entre elles le même intervalle? Il n'y aurait plus d'offensive, la guerre serait toute défensive. Qui serait le vaincu ou le vainqueur? Cela ne supporte pas l'examen.

La justesse efficace étant augmentée aux distances rapprochées, il y aura sans doute un plus grand nombre d'hommes atteints par les balles, mais ce sera une raison de plus pour rester moins longtemps à tirer. Il faudra toujours « finir par aborder l'ennemi. » Les colonnes seront moins fortes, les lignes plus fréquemment employées, les tirailleurs plus nombreux.

Sans entrer dans des détails qui embrasseraient la tactique tout entière, ne peut-on pas dire que les changements qu'elle aura subis seront la continuation de l'œuvre de Gustave-Adolphe, de Frédéric II, de Napoléon? Les nouvelles armes consacreront définitivement le principe, d'abord timidement formulé, puis peu à peu développé, qui dès le début fut la conséquence de l'introduction des armes à feu à la guerre : l'amincissement des ordres de bataille de trente rangs à deux rangs seulement; la mobilité toujours croissante donnée aux manœuvres; le développement de l'initiative individuelle et le rôle principal réservé dans les armées à l'infanterie.

IV

Un des arguments dont ne manquent pas de se servir les partisans des armes à longue portée est celui-ci : c'est que le fantassin saura tout aussi bien attaquer l'ennemi de près que de loin ; qu'on n'aura fait que reculer la limite de son action. On dit aussi que l'éloignement de l'ennemi donne aux hommes de la confiance et leur permet de se servir avec efficacité de leurs armes. Ces raisons ne sont que spécieuses, dangereuses même dans leurs conséquences.

Une troupe qui tiraille de loin perd l'habitude de voir l'ennemi ; elle fait beaucoup de bruit, croyant faire beaucoup de mal, et quand vient le moment d'une attaque corps à corps, son assurance s'évanouit, la vue de l'ennemi et l'impossibilité de faire usage de ses armes à longue portée lui ôtent son courage et son sang-froid ; il y a hésitation, désunion, panique. « Le feu en général ne doit être fait « que pour décider une question, dit le maréchal « Bugeaud, et alors il doit être terrible. »

Je crois que l'ascendant moral fera de plus en plus sentir sa puissance et décidera la victoire du côté qui le premier marchera en avant. On aura changé les armes, mais aura-t-on changé les hommes ? D'ailleurs les feux aux grandes distances ne s'harmonisent pas avec le courage et l'impatience du soldat français, dont la tactique, réduite à sa plus simple expression, est de marcher en avant, même quand il se défend.

Aussi, je ne puis m'expliquer la nécessité à laquelle on a cru devoir satisfaire en adoptant les règles de tir de 400 et de 600 mètres, à l'aide du pouce, aussitôt que l'armement rayé a été donné à l'infanterie. A-t-on voulu donner au soldat une hausse? Ou bien a-t-on voulu seulement lui prouver la grande portée de son arme? Sans doute on s'est servi de ce moyen terme pour concilier les opinions de ceux qui demandaient pour l'infanterie le tir aux grandes distances et les opinions de ceux qui ne voulaient pas de hausse. Cependant l'usage du pouce a fini par faire étudier la question de la hausse, et on s'est demandé si, en substituant au pouce deux lamettes d'acier placées sur la capucine, on n'obtiendrait pas une amélioration sensible dans le tir. Les premières expériences n'ayant rien donné de satisfaisant, on attribua généralement ce fait au manque de fixité de la hausse sur la capucine. On changea le mode d'ajustage, on fit braser la hausse sur le canon même, et de nouvelles expériences furent ordonnées au camp de Châlons.

Le 86e reçut 20 fusils à hausse à lamettes, l'une pour 400, l'autre pour 600 mètres.

On avait substitué à un instrument fort imparfait, le pouce, une lame d'acier invariable, offrant donc plus de précision. Les résultats ne paraissaient pas douteux; une supériorité notable allait être constatée en faveur de la hausse à lamettes.

Pendant quelques séances préparatoires, 20 tireurs sont exercés à tirer avec le pouce, 20 autres avec la nouvelle hausse; puis on arrive au tir réel, feux de deux rangs, feux de tirailleurs. On relève les résultats, et voici, contre toute attente, que la différence en faveur de la hausse est, tout compte fait, de 5 pour cent.

D'où provenait ce fait singulier, anormal, contraire au raisonnement, à la théorie la plus simple? Avait-on donné aux lamettes des dimensions inexactes? Les hommes n'étaient-ils pas suffisamment exercés à manier cet appareil nouveau pour eux? On fut tenté de trouver dans ces causes l'explication des résultats du tir; mais je ne les crois pas sérieuses, et il faut chercher ailleurs une raison moins vague.

En donnant deux lamettes pour 400 et 600 mètres on n'augmentait pas les moyens dont l'homme peut disposer pour tirer parti de la portée de son arme; les distances intermédiaires de 600 à 400 et de 400 à 200 mètres restaient sans règles de tir exactes; chaque tireur devait viser plus ou moins haut, en marchant, selon la distance où il se trouvait du but. Avec le pouce, on peut encore faire varier la hausse, quoique bien imparfaitement sans doute, et faciliter le pointage aux distances intermédiaires, possibilité qui n'existe nullement avec les crans de mire invariables des deux lamettes. De sorte que dans l'ensemble de tous les coups tirés il est arrivé que l'augmentation de justesse, due à la précision plus grande du pointage à deux distances fixes, a été compensée par les différents degrés d'élévation qu'on peut obtenir avec le pouce pour les distances intermédiaires.

Voilà, je crois, la cause du peu de supériorité de la hausse expérimentée.

Au premier abord, on est frappé de cette conclusion paradoxale qu'un instrument grossier comme le pouce est préférable à la guerre à un instrument plus précis; mais elle n'est que spécieuse; il faut bien se rappeler que dans l'usage des hausses, chaque distance en exige une particulière, et qu'en principe, toute hausse est inutile, qui ne donne que deux ou trois lignes de mire, parce qu'elle laisse le tireur dans l'incertitude pour les autres distances.

Il est donc probable que les expériences de 1863 au sujet des lamettes décideront la question d'une manière définitive.

J'ajouterai, sans répéter ici ce que j'ai dit précédemment, que l'adoption d'une hausse à curseur donnant une infinité de lignes de mire ne conviendrait pas davantage à l'infanterie de ligne.

Le pouce comme hausse n'a, selon moi, d'autre résultat que d'exciter le soldat à commencer le feu plus tôt qu'il ne doit le faire. Il lui serait bien plus utile de devenir adroit tireur dans les limites où le combat d'infanterie commencera toujours. Au lieu de ces tirs aux distances extrêmes, je voudrais qu'on adoptât le tir à 250 mètres pour lequel on peut encore prendre un point de repère sur la coiffure d'un fantassin ou la poitrine d'un cavalier, la trajectoire ne s'abaissant que de $1^{m},16$ au-dessous de la ligne de mire. Le tir à la cible serait restreint aux distances de 100, 200 et 250 mètres. Le soldat n'aurait à se préoccuper que d'une seule modification dans la manière de viser; il pourrait se familiariser avec le tir de son arme à ces deux distances; il saurait que dans aucun cas il ne doit essayer de tirer plus tôt, et qu'il met de son côté toutes les chances de succès en laissant l'ennemi tirer à une distance où l'on ne fait que consommer des munitions.

L'exercice du tir serait une conséquence de son emploi à la guerre; l'homme trouverait dans son arme une confiance raisonnée, et, comme le chasseur, il arriverait à dire en voyant l'ennemi : il est à bonne portée, je puis tirer avec certitude.

V

L'adoption du fusil rayé a fait croire, comme je le disais plus haut, que le tir de l'infanterie n'aurait d'autre limite que l'étendue de la vue. Si l'on convient avec moi que cette propriété n'est que très-secondaire, on peut au moins se demander quel sera l'avantage des fusils actuels sur les fusils lisses.

Examinons pour cela les effets des deux armes sur des masses, sur des groupes peu nombreux et sur des hommes isolés.

Supposons qu'un bataillon de 500 hommes commence le feu sur une division à la distance de 250 mètres. Si l'on ne consulte que l'expérience du polygone, on verra qu'avec les anciens fusils cette division peut recevoir à 250 mètres 40 pour cent; à 200 mètres, 55; à 150 mètres, 75. Soit en moyenne 57 pour cent. Le bataillon pouvant lancer environ 1250 balles, les 57 pour cent, c'est-à-dire près de 800, devraient tomber dans les rangs ennemis.

Mais ce serait là un calcul complétement faux, car on ne tient compte que des moyennes prises isolément pour chaque distance, comme si le changement dans la justesse était la seule cause qui influât sur l'efficacité du tir.

Pour être dans le vrai, il faut bien se rappeler qu'avec le fusil lisse on ne visait pas de la même façon de 100 à 250 mètres. Depuis le moment où l'on aurait ouvert le feu jusqu'à 125 mètres, il aurait fallu employer quatre manières différentes de pointer, et se rendre bien compte de l'instant précis où l'ennemi arrivait successivement à 175, 150 et 125 mètres, sous peine de voir la trajectoire lui passer par-dessus la tête.

C'est précisément cette multiplicité des règles de tir qui neutralisait en grande partie les effets que la balle sphérique aurait pu réellement produire. Ces règles, déjà difficiles à appliquer dans un polygone, devenaient illusoires lorsque le soldat était en présence de l'ennemi. Elles n'avaient donc rien de pratique. Quant à la justesse, un bon tireur n'était pas sûr à 150 mètres de toucher un groupe de 3 fantassins ou de 2 cavaliers.

L'ancien fusil n'était efficace qu'à de très-petites distances et contre des masses. Cela explique jusqu'à un certain point le peu de valeur que d'excellents généraux attachaient au feu de l'infanterie. Le maréchal de Saxe, Souwaroff, Guibert, et depuis les guerres de la République et de l'Empire, Gassendi, Decker, Piobert le considéraient comme à peu près sans effets. Quelques officiers parlaient même de faire de l'artillerie l'arme prépondérante auprès de laquelle les autres armes n'auraient fait que jouer le rôle de soutien. Le général Okouneff avait su inspirer à l'Empereur Nicolas ses idées à cet égard, et elles ne furent abandonnées qu'à la fin de la guerre de Crimée.

Il n'en est plus de même aujourd'hui avec le fusil rayé.

Sa justesse le rend supérieur au fusil lisse : 1° contre des masses ; 2° contre des tirailleurs ou des groupes peu nombreux. C'est surtout dans ce genre de combat que nos fusils ont tout avantage sur les anciens. Leur simplicité de pointage est une deuxième cause de supériorité qui permet d'utiliser la première.

Voilà où il faut voir l'importance de leur grande portée ; car la tension de la trajectoire ayant fait reculer le but en blanc à 200 mètres, le soldat n'a plus qu'à viser de la même façon pour une distance où il avait autrefois quatre règles à retenir ; par ce seul fait, le tir a beaucoup gagné en résultats pratiques.

Au delà du but en blanc, on retombe dans des inconvénients analogues à ceux qu'offrait l'ancien fusil : les règles de pointage se compliquent ; aussi ne doit-on pas plus qu'autrefois chercher à obtenir en dehors de cette limite une efficacité réelle dans le tir.

La simplicité du pointage est une condition essentielle de l'arme du soldat d'infanterie ; c'est en rendant la trajectoire le plus tendue possible qu'on y parviendra, car alors on aura supprimé une des causes les plus nuisibles à l'efficacité du tir.

Je dois encore ajouter que la consommation des munitions a été de tout temps une des grandes préoccupations du combat d'infanterie. On semble négliger de tenir compte de la disposition si naturelle chez les hommes à brûler leurs cartouches. Et cependant on ne saurait assez l'éviter aujourd'hui ; les caissons d'approvisionnement, se trouvant plus éloignés des troupes engagées, ne pourront souvent pourvoir à leurs besoins, peut-être dans un moment critique.

VI

Si l'on veut compter avec certitude sur les avantages des armes de précision à longue portée, il faut les donner à un petit nombre d'hommes dont l'occupation exclusive sera l'étude et la pratique de ces armes poussée aussi loin que possible ; leur rôle à la guerre sera conforme à la nature même de leur armement.

Leur indépendance de mouvements individuels doit être extrême ; ils doivent utiliser soit en plaine, soit en pays de montagnes, toutes les positions favorables au tir. Ce sont eux qui, à de grandes distances, détruisent les artilleurs ennemis, protégent les colonnes soit en avant, soit en retraite, facilitent l'attaque d'un défilé, d'une vallée, en occupant les hauteurs avoisinantes, appuient les points accessibles ou découverts d'une ligne de bataille, harcèlent les colonnes d'infanterie et de cavalerie.

Leur but n'est pas d'agir en grand nombre sur un point donné, ni de faire des feux de ligne ou de tirailleurs à la distance du but en blanc de leur arme ; ils doivent souvent rester longtemps à la même place quand ils l'ont reconnue bonne. Quelques tireurs réunis prennent leur temps pour apprécier la distance, rectifier leur tir ; et, bien cachés, agissant presque comme au polygone, ils font à l'ennemi un mal énorme. On ne doit pour ainsi dire pas les voir. Ils doivent savoir se réunir au besoin pour offrir une certaine résistance à des attaques fortuites de cavaliers en fourrageurs, s'éparpiller de nouveau, le danger passé.

Il y a loin de ce genre de combat à celui de l'infanterie de ligne ; je ne suppose pas qu'on puisse les confondre.

En France, les hommes munis d'armes de précision à longue portée constituent les bataillons de chasseurs.

Cette unité n'est pas assez forte pour gêner l'indépendance des mouvements, et elle développe chez le soldat l'idée de spécialité qui compte toujours pour beaucoup dans les services rendus par un corps de troupes. Ce sont eux qui doivent utiliser la grande portée et la grande justesse des armes de précision, parce que leur rôle à la guerre leur permet de le faire.

Mais on fait souvent de leur mode d'action une application fausse, et par suite il peut arriver que les services qu'ils rendent ne soient pas ce qu'ils devraient être. C'est pourquoi l'on entend dire : A quoi servent ces bataillons spéciaux ? Où est donc cette grande différence entre leur manière d'agir et celle de l'infanterie qui nécessite une organisation, un armement particuliers ? Ne serait-il pas préférable de donner définitivement à toute l'infanterie leurs carabines, leurs manœuvres, leur habillement même, puisque cela est reconnu bon pour un petit nombre d'hommes ?

A tout cela je crois qu'il n'y a qu'une courte réplique à faire. S'il arrive parfois que nos bataillons de chasseurs ne remplissent pas leur but, ce n'est pas une raison pour en conclure leur inutilité ; la faute en est à celui qui les dirige mal. Pourquoi les employer au même rôle de tirailleurs de bataille que l'infanterie de ligne ? Pourquoi les placer invariablement en tête de colonne pour les attaques à la baïonnette ou l'enlèvement des positions ? Pense-t-on leur donner ainsi le moyen d'inquiéter beaucoup l'ennemi par leur tir ? Mais, à coup sûr, leur carabine ne leur sert pas plus là que le fusil. Confondus dans les masses d'infanterie, chargés des mêmes soins, ils cessent d'être ce qu'ils sont, des flanqueurs, des tireurs de précision, en un mot leur spécialité disparaît.

De là résulte un contre-sens analogue à celui que produiraient les armes à longue portée dans les mains de l'infanterie : à celle-ci on voudrait faire jouer le rôle des tirailleurs et à ces derniers le rôle de l'infanterie de ligne.

Je résumerai en peu de mots mon opinion sur le but de nos bataillons de chasseurs : ils forment une infanterie de position qui, employée à propos, éclaire et prépare les efforts de l'infanterie de ligne.

Il est une autre modification qui rencontre beaucoup de partisans parmi les officiers d'infanterie : c'est de remplacer les compagnies d'élite des régiments par des compagnies de flanqueurs ou francs-tireurs auxquels on donnerait les armes de précision et à longue portée. Cette organisation produirait, dit-on, les meilleurs résultats en campagne.

Mais il ne faut pas perdre de vue que ces tireurs appartenant à un régiment, astreints à se conformer à ses mouvements, ne pourraient être assez indépendants ; qu'ils exigeraient une surveillance constante dont souffriraient les autres détails du commandement ; qu'il se formerait parmi eux un esprit de corps autant par suite de leur armement que par la nature de leurs manœuvres. Leur présence serait donc nuisible, puisqu'un régiment doit être avant tout homogène dans ses parties ; ils provoqueraient infailliblement des comparaisons défavorables à l'idée même que les autres soldats doivent avoir de leur propre valeur. De plus, ils seraient à la disposition du commandant du régiment, et il arriverait certainement que, dans bien des cas, leur présence serait inutile ou du moins excéderait les besoins ; tandis que, laissés, comme aujourd'hui, à la disposition du général qui juge l'ensemble des opérations, connaît le lieu et le moment où il y a un effort à faire, ils peuvent être à son gré répartis et ménagés à la fois.

Si donc au premier abord les compagnies de tirailleurs dans les régiments semblent offrir des avantages, je crois que la nature même de leur but, l'esprit qui doit les animer, et leur contact avec les autres hommes doivent rendre cette idée inadmissible.

VII

Pour avoir une idée exacte de la cause des changements dans la tactique et de la nature de ces changements, il ne faut pas se borner à considérer les armes de l'infanterie. Ce ne sont pas les seules qui influent sur les batailles et qui se soient perfectionnées depuis quelques années. L'artillerie a fait aussi un pas immense, et, plus que l'infanterie, elle possède les moyens d'en tirer parti.

J'ai quelquefois entendu dire et j'ai même lu que les pièces rayées, qui sont les armes de précision de l'artillerie, ne pourraient pas plus devenir d'un usage général que les carabines; que tôt ou tard elles constitueraient comme ces dernières une exception, parce qu'elles exigent aussi une grande précision dans le pointage, une exacte estimation des distances et que leur trajectoire est bien moins tendue que celle des boulets sphériques.

Ces objections, parfaitement fondées pour des armes portatives, ne le sont plus quand il s'agit de l'artillerie; les admettre, c'est ne tenir compte ni du rôle de l'artillerie ni de son mode d'action.

Une batterie d'artillerie reste en place assez longtemps, et l'on peut, à cause du temps même nécessaire à son installation et de la lenteur de son tir, apprécier les distances, rectifier les erreurs et régler le pointage. Elle peut ouvrir le feu sans que l'infanterie puisse répondre; y jeter le désordre si l'on ne prévient pas ses effets terribles. Son action doit se produire le plus loin possible : tel est son but depuis qu'elle existe ; son rôle est plus défensif qu'offensif.

L'importance d'une trajectoire rasante n'est donc pas à beaucoup près aussi grande pour une bouche à feu que pour une arme portative, et l'on a pu sans inconvénient sacrifier cet avantage à celui d'une justesse supérieure.

Quelles causes empêcheraient donc l'artillerie de profiter de la justesse et de la portée de ses projectiles ? Et n'est-on pas dans le vrai en disant que c'est elle surtout qui modifiera la tactique des deux autres armes ? Infanterie et cavalerie devront par leurs manœuvres chercher à neutraliser sa puissance destructive.

Puisque l'efficacité du tir dépend de l'étendue du but et de l'appréciation de la distance, et que les erreurs que l'on peut commettre impunément sont d'autant plus grandes que les colonnes sont plus profondes, les déploiements devront se faire plus tôt ; on présentera le front qui donne le moins de prise aux projectiles. On proscrira les colonnes de plusieurs bataillons qui ne pourraient soutenir longtemps le feu meurtrier des batteries. D'ailleurs, « la « profondeur de la colonne n'ajoute rien à la force « du premier bataillon qui la compose et diminue « celle de la masse », dit le maréchal Bugeaud.

La mobilité devra être excessive, afin de pouvoir changer rapidement de place. L'artillerie sera forcée de corriger son tir d'après la nouvelle direction, et perdra du temps à suivre les mouvements de l'ennemi.

Aussi le nouveau règlement a-t-il donné une attention toute spéciale aux marches en bataille, aux colonnes de division, aux tirailleurs, dont l'emploi deviendra désormais si pratique à la guerre.

Mais l'inconvénient de ce fractionnement des troupes, de cette mobilité, sera leur exagération même.

L'infanterie n'est pas faite seulement pour combattre à la débandade ; il n'y aurait bientôt plus de direction, le commandement se ferait mal, l'unité d'action serait brisée. Ce qui permettra de conserver la force des lignes, des petites colonnes, ce sera le terrain. On sait combien le moindre accident fait changer la direction donnée aux projectiles, combien il peut induire en erreur pour l'appréciation des distances, le sens de la marche d'une troupe, l'évaluation de sa force. Ce sera donc au terrain qu'il faudra demander plus que jamais protection contre l'artillerie. Sa connaissance sera indispensable à tous les officiers, puisque par suite de la grande mobilité et de l'indépendance des fractions, la responsabilité de chacun augmentera, et sera substituée dans bien des cas à la responsabilité d'un seul chef.

Le moyen d'arriver à cette connaissance est de se mettre à l'étude des levers irréguliers ou à vue, des reconnaissances générales ou particulières, de tous les cas qui peuvent se présenter en campagne suivant les fonctions de chacun.

Les manœuvres ne devront plus être étudiées pour elles-mêmes, comme à l'exercice, mais toujours dans leurs rapports avec le terrain ; la guerre exigera une instruction plus grande dans l'armée, il faudra que chacun de nous devienne tacticien dans sa sphère d'action.

Tous les efforts de la tactique tendront à trois choses : 1° augmenter la mobilité sans détruire l'ensemble ; 2° diminuer autant que possible les surfaces exposées aux projectiles ; 3° utiliser dans leurs plus petits détails les formes du terrain.

Si l'artillerie a changé la tactique de l'infanterie, les armes portatives de précision viennent à leur tour contre-balancer ses effets.

C'est contre elle que les francs-tireurs montreront leur puissance ; cela leur est facile sans être inquiétés, car une batterie d'artillerie ne peut se soustraire en aucune façon à la vue de l'ennemi ; elle combat presque toujours à découvert, elle occupe un front étendu. Quelle sera son action contre ces adroits tireurs réunis par petits groupes invisibles derrière le moindre accident de terrain et qui de leurs positions détruiront ses artilleurs et ses chevaux ? C'est à peine si le peu de fumée de leur arme indiquera leur présence. L'artillerie ne pourra y suppléer quelquefois que par l'énorme distance à laquelle elle ouvre son feu. Sans ce progrès récent, elle aurait eu tout à redouter des armes de précision, et je ne sais comment elle eût pu soutenir son rôle sur le champ de bataille.

VIII

Pour traiter d'une manière complète de l'influence des nouvelles armes, il resterait à examiner le rôle probable de la cavalerie.

Cette question, si souvent discutée par des hommes dont l'autorité et l'expérience suffiraient pour mettre leurs opinions hors de doute, n'a cependant pas encore reçu de solution satisfaisante. Il ne m'appartient pas de mettre mes idées à cet égard en opposition ou en parallèle avec celles qui sont journellement émises; qu'il me soit seulement permis, en terminant cette première partie, d'ajouter quelques mots qui découlent d'ailleurs de tout ce qui précède.

C'est principalement pour résister à la cavalerie que les armes rayées semblent avoir donné à l'infanterie un tel avantage que désormais la cavalerie sera réduite à l'impuissance. En admettant cette opinion d'une manière absolue, je crois qu'on serait dans l'erreur et que l'excès de confiance pourrait devenir fatal.

Qu'un escadron chargeant sur une infanterie calme, préparée à le recevoir, ne perde pas plus de monde qu'autrefois, ne risque pas d'être plus tôt désorganisé, ce n'est pas ce que je prétends soutenir, ce serait nier les faits, ne pas connaître les nouvelles armes.

Pour résister au choc et à la rapidité des attaques de la cavalerie, l'infanterie présente des feux de tous les côtés, forme le carré; il faut donc que le chef de bataillon ait son bataillon sous la main et qu'il ait le temps de prendre ses dispositions. Aujourd'hui que l'infanterie proscrit de sa tactique les masses pour adopter les ordres minces, les tirailleurs, elle ne présentera pas aussi facilement à la cavalerie l'ensemble sans lequel elle ne saurait lui résister. Il lui faudra plus de temps pour se réunir; les hommes auront souvent d'assez longs espaces à franchir pour joindre les soutiens. Ceux-ci seront plus éloignés les uns des autres, et la cavalerie pourra profiter de ce dispersement des forces et produire de grands désordres par ses rapides mouvements tournants.

C'est ainsi que les faits me paraissent s'enchaîner les uns aux autres. L'infanterie a augmenté la puissance de ses armes, mais elle a été forcée d'adopter une nouvelle tactique; la cavalerie n'a rienà opposer aux armes rayées, il est vrai, mais elle profitera de la tactique que ces armes imposent à l'infanterie et qui est toute favorable à son action. Il est évident que, comme l'infanterie, elle éprouvera plus depertes aux grandes distances; elle devra comme elle, par sa mobilité, par le choix du terrain, se soustraire au tir des bouches à feu.

Il ne faut pas oublier non plus que le rôle de la cavalerie, c'est l'improviste : elle ne fait qu'apparaître sur tel ou tel point; elle doit profiter d'un mouvement imprudent, de l'hésitation de l'ennemi. Aujourd'hui plus que jamais elle devra ménager ses attaques, se tenir cachée jusqu'à l'instant favorable. Les récentes instructions sur le travail individuel auront sans doute pour résultat d'augmenter sa mobilité.

L'étude que nous venons de faire de l'ancien et du nouvel armement de l'infanterie et des armes de précision à longue portée, nous conduit aux conclusions suivantes :

1° L'infanterie ne doit pas être munie d'armes exigeant l'emploi d'une hausse ;

2° On ne doit pas lui donner l'habitude du tir aux grandes distances ;

3° Les nouvelles armes manifesteront leur influence sur la tactique et non sur la nature du combat et les résultats à la guerre.

DEUXIÈME PARTIE.

PRATIQUE DU TIR.

Importance de l'étude du tir pour l'infanterie. — Méthodes d'instruction. — On ne doit pas faire du tir une théorie spéciale. — Exercices sur le terrain. — Une grande pratique indispensable aux hommes. — Prix de tir. — Ils excitent peu l'émulation. — Prix de compagnie. — Armes de petit calibre. — Armes se chargeant par la culasse.

I

L'illustre Maréchal dont j'ai plusieurs fois déjà rappelé les préceptes, disait en parlant du tir « qu'il « fait la principale force de l'infanterie, et qu'elle « doit s'exercer pour cela à tirer avec la plus grande « justesse. »

La vérité de cette pensée n'a fait que devenir plus évidente avec les progrès des armes ; aussi plus que jamais doit-elle être présente à l'esprit de tous les officiers d'infanterie.

Il ne s'agit plus en effet aujourd'hui de lancer au hasard en avant d'une ligne une quantité plus ou moins grande de projectiles. Les feux de tirailleurs, qui prennent tous les jours plus d'extension, exigent de la précision dans le tir. J'entends par précision cette chance de toucher le but que donnent à l'homme une bonne arme et l'exercice raisonné du tir. Et ce n'est pas si facile qu'on pense d'en arriver là ; il est urgent de se débarrasser avant tout d'un reste d'habitudes enracinées qui parfois font oublier que le tir doit être la première science du fantassin. Personne n'en doute, aussi est-on en droit de s'étonner de la tendance générale à trouver que les hommes en savent toujours assez.

Toutefois sous ce rapport on ne peut nier une amélioration sensible depuis quelques années ; l'étude du tir commence à prendre dans l'infanterie l'importance qui lui est due.

C'est à la grande imperfection du fusil lisse qu'il faut attribuer le peu de soin qu'on donnait au tir dans les régiments. Comment avec une telle arme aurait-on fait de bons tireurs? Lorsque le soldat met en pratique toutes les recommandations qu'on a pu lui faire sur le tir de son arme, n'a-t-il pas lieu d'espérer que ses efforts conduiront au but le projectile qu'il a dirigé? Si son attente est chaque fois trompée, ou s'il ne constate que rarement un résultat, ne finira-t-il pas par se décourager, et par considérer comme inutile l'instruction qu'on lui a donnée? C'est ce qui avait lieu avec la balle sphérique. On ne regardait le tir que comme une corvée dont il fallait se débarrasser tôt ou tard et surtout le plus vite possible. Le règlement avait du reste laissé toute latitude à cet égard, et il arrivait presque toujours que le tir à la cible, terminé au commencement de l'année dans l'espace de quelque séances, n'était repris que l'année suivante ; les hommes restaient donc un an sans y être exercés.

Le fusil était étranger au soldat sous le rapport du tir ; on n'en tirait même pas le peu qu'il pouvait donner. On avait complétement mis de côté la propriété essentielle de l'infanterie, celle qui fait surtout sa force : s'en occuper, c'était perdre son temps, et on était arrivé sans s'en rendre compte à ne considérer le fusil que comme une arme de main.

On avait refusé aux exercices de tir ce qu'on accordait avec le plus grand soin aux autres parties de l'instruction du soldat; on traitait comme un mince accessoire la chose qui réclame à la guerre toutes les facultés de l'homme, l'instruction, l'adresse, l'initiative et le sang-froid.

Si aujourd'hui on est revenu sur cette lacune regrettable, il faut en rechercher la cause dans l'adoption des armes rayées. Déjà la balle d'infanterie modèle 1857 avait totalement changé les propriétés du fusil; la balle modèle 1863, adoptée après les expériences de la Commission de Vincennes, a reçu au camp de Châlons une sanction qui met hors de doute sa supériorité. Tous les régiments d'infanterie ont exécuté à 200 et à 400 mètres des tirs comparatifs dans des circonstances identiques, et on a obtenu : à 200 mètres 26,7 pour cent avec la balle modèle 1857, et 41,8 avec la balle modèle 1863. A 400 mètres 13,8 et 24,6. Moyennes générales 21,7 pour la balle modèle 1857 et 35 pour la balle modèle 1863.

La justesse du nouveau projectile surpasse donc celle de la balle 1857 de plus d'un tiers.

Tiré dans de semblables conditions, le fusil d'infanterie ne peut que développer de plus en plus chez l'homme le goût du tir : les bons tireurs obtiendront des résultats qui encourageront leurs efforts et exciteront leur amour-propre; les mauvais tireurs ne prendront plus pour excuse de leur maladresse l'imperfection de leur arme. Elle n'aura désormais d'autre cause que l'ignorance ou la mauvaise volonté.

Le projectile qui vient d'être donné à l'infanterie par Monsieur le lieutenant-colonel Nessler fera époque dans l'histoire des armes comme une des inventions qui intéressent directement notre avenir militaire. La marche des progrès du tir doit être parallèle dans toutes les armées; si l'une d'elles prive son infanterie des armes de précision, elle doit s'attendre à l'infériorité dans les combats de tirailleurs. C'est précisément ce genre de combat qui plaît au caractère français, et plus que jamais il est rendu terrible à l'ennemi par l'emploi du nouveau projectile.

Il faut que le soldat d'infanterie soit bien convaincu maintenant qu'il a entre les mains une arme dont la justesse ne le cède en rien à celle des armes étrangères ; il doit trouver dans cette certitude une confiance entière dans son tir.

Ce n'est plus ce fusil grossier dont hier encore on faisait si peu de cas : sans changer l'armement, sans modifier même la construction du fusil actuel, Monsieur le lieutenant-colonel Nessler a su faire du fusil d'infanterie ce qu'on n'aurait jamais espéré, une arme de précision.

II

Une bonne arme ne suffit pas pour former de bons tireurs ; il faut encore de bonnes méthodes d'instruction.

L'enseignement du tir doit se composer de deux parties : l'une purement mécanique apprend à l'homme à équilibrer ses mouvements : elle constitue les exercices préparatoires de tir. Cette première partie a été entièrement changée dans le nouveau règlement. Elle ne prescrit rien qui n'ait une raison d'être; elle a été adoptée par l'École de

Vincennes après de longues et nombreuses expériences qui ont servi à déterminer dans leurs plus petits détails les positions du tireur et de l'arme. Mais il faut bien se garder d'exagérer la rigueur des principes; ils n'ont rien d'absolu. Le règlement ne donne que des moyennes en deçà ou au delà desquelles on doit presque toujours rester, eu égard à la conformation des hommes.

C'est dans cet esprit que doit être faite l'instruction des sous-officiers par les officiers instructeurs; alors les hommes recevront une instruction tout individuelle; ils comprendront dès le début que le tir ne ressemble en rien au maniement d'armes où l'on finit par inculquer au soldat une cadence machinale qu'un commandement bien fait suffit ensuite pour faire réussir. Dans le tir, si on cherchait à imposer cette uniformité, on n'arriverait à rien; les combats de tirailleurs demandent de l'initiative, et ne peuvent être que le résultat d'une instruction basée sur les dispositions de chaque homme et obtenue tout autant par le raisonnement que par l'exercice.

Mais quelques réformes qu'ait apportées le règlement actuel, il lui manque une condition essentielle à laquelle ne peuvent remédier ni le zèle des instructeurs, ni les efforts de ceux qu'ils instruisent : c'est la forme même qu'il devrait avoir.

Réunir tout ce qui est relatif au tir dans une théorie, c'est en faire une instruction à part à laquelle par cela même on pense moins qu'aux autres. Si l'on veut qu'un exercice quelconque soit fait régulièrement, par tous et tous les jours, en un mot qu'il passe dans les habitudes militaires, comme le service intérieur ou l'exercice proprement dit, il suffit, j'en suis convaincu, d'en placer le texte dans l'ordonnance sur les manœuvres. C'est elle qui résume dans son ensemble toute la série des travaux qui forment le fonds de la science du soldat; c'est d'après le temps qu'exigent ces travaux pour être menés à bonne fin, que l'on répartit le service journalier, et le reste du temps est accordé aux travaux accessoires; on ne s'occupe de ceux-ci que momentanément, à la hâte, afin de ne pas surcharger les hommes de travail. Il n'y a rien de régulier, d'uniforme dans leur étude, et, par suite, peu de progrès. Le tir est un de ces accessoires dans l'infanterie; à en juger par ce qui se pratique généralement, il n'est pas dans les choses indispensables; ce n'est pas une partie essentielle de l'instruction des sous-officiers et des caporaux, comme le maniement d'armes ou l'école de peloton. On exige avec la plus grande rigueur dans les autres exercices que rien ne laisse à désirer; en est-il de même pour le tir? Non sans doute; bien ou mal fait, on n'y consacre que le nombre de séances réglementaire et on en reste là, parce que le tir n'est pas compris dans la théorie proprement dite.

Qu'on en fasse la dernière partie de l'école du soldat, par exemple, et aussitôt on lui donnera les mêmes soins, la même importance qu'au maniement d'armes; il cessera d'être accessoire; il sera mis au rang des exercices journaliers, il passera, je le répète, dans les habitudes militaires.

III

J'ai encore un reproche à faire à la théorie sur le tir : c'est l'absence complète d'observations sur les principes qu'elle prescrit. Pourquoi n'en existe-t-il pas comme à l'école du soldat ? Pourquoi ne pas exposer clairement à tous la raison d'être de chaque mouvement ? Dans les compagnies il y a toujours hésitation ou exagération sur tel ou tel point ; il ne saurait en être autrement. Comment les officiers peuvent-ils d'une manière certaine rectifier les positions de leurs hommes ou les démonstrations fausses de leurs sous-officiers ? Ils sont forcés de s'en rapporter à ces derniers. Les officiers instructeurs deviennent alors entièrement responsables des maladresses ou de la négligence des sous-officiers qui souvent font autrement que ce qu'on leur a montré. D'un autre côté, peuvent-ils être partout pour rectifier ? Peuvent-ils s'immiscer dans l'instruction des compagnies et annuler l'influence et l'autorité des officiers de compagnie ?

C'est cependant ce qui a lieu en réalité ; dans l'instruction du tir les officiers de compagnie ne font rien, parce qu'ils appréhendent d'enseigner à leurs hommes autre chose que ce qu'ont enseigné aux sous-officiers MM. les officiers instructeurs.

Quel fruit peut-on espérer d'une instruction où les officiers de compagnie n'ont aucune action directe sur leurs hommes ? La conséquence inévitable de ce manque de certitude de leur part, c'est la tiédeur avec laquelle on s'occupe des exercices de tir qui n'intéressent sérieusement que quatre officiers par régiment.

A cet état de choses, il n'y a qu'un remède : c'est de décentraliser l'instruction renfermée à tort dans les attributions d'un trop petit nombre d'officiers ; c'est de prendre pour modèle de la théorie sur le tir l'école du soldat, considérée à juste titre comme un chef-d'œuvre de rédaction, qui ne laisse de doute à personne, et que les officiers de compagnie peuvent enseigner, comme les adjudants-majors, aux sous-officiers et aux hommes placés sous leurs ordres.

IV

Le manque d'observations de la théorie se manifeste surtout dans les exercices du pointage.

C'est la première chose que l'on enseigne à l'homme ; c'est elle qui constitue les trois quarts de la science du tireur.

Beaucoup d'hommes n'ont aucune idée de la manière dont on pointe une arme, et dans les commencements ils éprouvent une difficulté assez grande à placer convenablement les trois points l'un sur l'autre. Quand ils y sont parvenus, il faut leur faire comprendre que la plus petite erreur est préjudiciable au tir ; il faut surtout leur faire appliquer ce principe ; c'est le seul moyen de donner aux hommes une connaissance suffisante de leur arme. On passe trop légèrement sur cette difficulté ; on ne s'attache pas assez au pointage ; on le considère comme secondaire, on se contente trop des à peu près. Lorsque les hommes ont dirigé plus ou moins exactement la ligne de mire dans les environs du but, qu'il n'y a pas d'erreurs trop grossières, l'instructeur croit ses hommes suffisamment instruits et il passe outre.

Il en résulte alors ce que j'ai maintes fois constaté : que quand l'homme pointe l'arme à l'épaule, il le fait souvent sans s'occuper du cran de mire, ou bien dirige le rayon visuel sur un des côtés du guidon ou par la base ; qu'il n'agit pas deux fois de suite de la même façon; qu'il ne s'inquiète nullement si son arme penche à droite ou à gauche. Ces sortes d'erreurs ont une influence très-grande sur le tir ; elles sont malheureusement très-fréquentes et se répètent presque pour chaque coup par suite de l'habitude dans laquelle on entretient les hommes dès le début, de pointer trop vite et avec trop peu de certitude.

Pour enseigner aux 12 hommes d'une classe, comme il convient de le faire, tout ce que renferme le pointage ; pour insister sur toutes les précautions à prendre relativement à la position du canon, à la direction irréprochable de la ligne de mire ; pour corriger leur maladresse, les rendre exigeants pour eux-mêmes, il faut au moins quatre séances pour la grande majorité des hommes.

Le règlement considère pour ainsi dire comme une exception le cas où l'instruction du pointage se donne hors des chambres. C'est le contraire qui devrait avoir lieu.

Pourquoi ne pas habituer les hommes à pointer aux distances où ils doivent tirer habituellement? Quand on leur dit : ce point vous représente le noir de la cible supposée à 200 mètres, ils ne se rendent pas bien compte de la supposition ; ils ne sont pas frappés par les objets qu'ils doivent se figurer, et ils tirent machinalement. Je suis sûr que le changement de distance suffit pour les gêner dans leurs habitudes, et que quand ils vont à la cible, ils ont sous ce rapport une nouvelle étude à faire.

Je voudrais donc que les exercices de pointage fussent toujours exécutés à la distance de 100 mètres. C'est une distance moyenne qui n'est pas assez grande pour que la ligne de mire ne puisse être dirigée d'une manière irréprochable, et qui donne à l'homme l'habitude de voir les objets de loin. Cette observation s'applique aussi bien aux autres positions où l'homme pointe l'arme à l'épaule.

On recommande aussi tout particulièrement d'exécuter les exercices préparatoires, et le tir à la cible en conservant la baïonnette au canon. Je ne vois pas l'utilité de cette prescription, qui gêne beaucoup les hommes dans le pointage. Que fait encore là l'esprit de routine ? A quoi sert une baïonnette pour tirer un coup de fusil à la distance du tir de guerre, soit en ligne, soit en tirailleur? Craint-on que les hommes ne sachent pas d'eux-mêmes quand le moment est venu de se préparer à se servir de leur baïonnette ? Je crois que pas un seul n'aurait besoin pour cela d'avertissement, et qu'il est fort inutile de leur en donner l'habitude. En n'ajustant la baïonnette que quand cela est nécessaire, les tireurs auraient bien plus de chances de toucher le but ; les exercices préparatoires et ceux de la cible leur seraient bien plus profitables.

V

La deuxième partie de l'instruction du tir est toute d'étude et de pratique ; elle doit amener peu à peu le soldat à viser et à tirer sans la moindre préoccupation théorique, à oublier presque ce qu'on lui a enseigné tout en l'appliquant cependant, et pour ainsi dire sans s'en douter. C'est ainsi que le tir deviendra dans les régiments ce qu'il doit être, que le fantassin arrivera à tirer d'instinct à la guerre, comme le chasseur. Il lui faut pour cela une pratique presque journalière, sans quoi il restera toujours au même point.

Croit-on qu'on puisse atteindre ce résultat en faisant tirer à chaque homme 60 balles dans les feux individuels ? Je suis loin de le penser ; on apprend aux hommes à tirer un coup de fusil, mais on n'en fait pas des tireurs.

Ne regarderait-on pas comme impossible de former à l'escrime ou au gymnase des hommes en dix séances ? C'est cependant ce qui a lieu pour le tir.

Là bien plus qu'ailleurs, une fois les principes donnés, il faut que l'homme étudie pour acquérir cette habileté qui lui permettra à la guerre de bien faire par habitude. On ne doit pas chercher ailleurs le complément indispensable des méthodes d'instruction. Une pratique fréquente, constante, est la seule condition de succès ; tant que l'homme ne pourra pas tirer une fois par semaine au moins, tant que l'exercice du tir ne fera pas partie des exercices journaliers proprement dits, il n'y aura pas de résultats réels à espérer dans le tir de l'infanterie. Je dis réels, parce que je ne considère pas comme pouvant grand'chose ces résultats obtenus aujourd'hui au polygone dans des circonstances particulières où l'homme a fait tous ses efforts pour réussir. Sans doute ces efforts sont nécessaires à son instruction ; mais, je le répète, tant qu'il en est là, il n'est qu'apprenti : il faut qu'il puisse bien tirer à un moment donné, de même qu'il fait le maniement d'arme aussi bien tel jour que tel autre.

Ce n'est que la pratique qui lui donnera cette certitude, et vraiment je trouve que c'est presque consommer inutilement des munitions que de restreindre à 10 séances et à 60 cartouches les moyens d'étude et de pratique du tir.

On sait le peu de progrès que l'on constate dans

les régiments ; presque toujours les bons tireurs sont ceux qui l'étaient avant d'entrer au service ; bien rarement ils le sont devenus au tir à la cible. On s'étonne si les hommes, après 15 ou 20 séances préparatoires, en restent toujours périodiquement au même point. C'est ce qui fait dire à bien des personnes que c'est perdre son temps que de fatiguer le soldat à toutes les positions qu'on lui impose ; qu'il doit tirer à sa guise ; qu'il lui suffit de savoir charger son fusil, de connaître le but ; qu'on doit avant tout le laisser libre, etc... ; en un mot, qu'on ferait beaucoup mieux de ne rien lui apprendre de ce qu'on appelle les exercices préparatoires.

Ce raisonnement est faux. En comparant attentivement les anciennes méthodes d'instruction avec celles que l'on suit aujourd'hui, on peut juger combien celles-ci doivent seconder la justesse de l'arme dans les résultats du tir. Si dans bien des cas elles semblent donner un démenti à ce que l'on attend d'elles, si elles restent stériles, ce n'est pas qu'elles soient inutiles, mais c'est qu'on ne donne pas au fantassin le troisième élément de succès sur lequel je ne saurais trop insister, la pratique.

La seule objection qu'on puisse faire à cette consommation de munitions, c'est la dépense qui en résulterait. Certes, elle vaut la peine d'être prise en considération. Aussi le problème à résoudre est-il celui-ci : augmenter les exercices du tir à la cible sans augmenter la dépense. Il me semble que, pour y arriver, on néglige trop un moyen bien simple que donne la consommation même des munitions. Ce qui coûte très-cher dans la cartouche, c'est le plomb ; on prend généralement peu de soin de le recueillir, et cependant si l'on apportait dans cette opération la même rigueur que dans les autres parties de l'administration, je crois qu'on pourrait réduire de beaucoup le prix des munitions brûlées chaque année. Pour cela, il faut : 1° que les corps aient à leur disposition des buttes construites avec soin, offrant le minimum de hauteur et d'épaisseur possible, et formées de sable ; 2° que l'on exerce sur elles une active surveillance ; 3° que l'on enlève le plomb au moins tous les quinze jours.

En procédant ainsi, on économiserait assez de plomb pour que chaque homme puisse au moins tirer 100 balles dans les feux individuels ; en divisant ce nombre en séances de 4 balles, on obtiendrait environ 26 séances réparties en 9 mois, ce qui donnerait trois séances de tir par mois. Les distances de tir seraient, comme je l'ai dit plus haut, 100, 200 et 250 mètres.

Il est encore un autre moyen d'augmenter ces séances, c'est de supprimer les feux de peloton dans le tir à la cible. Ces feux sont peut-être utiles, exécutés à blanc, comme feux d'exercice, mais ne servent à rien comme tir réel ; pour qu'ils soient bien exécutés, il faut que l'homme cesse d'appliquer les principes qu'on lui a enseignés ; ou bien il faut admettre : 1° que tous les hommes pressent de la même façon la détente ; 2° que toutes les détentes présentent la même résistance ; autant vaut dire que tous les tireurs sont forcés de donner un coup de doigt. L'expérience prouve que les résultats obtenus dans ces feux sont presque toujours dérisoires.

N'est-on pas en droit de dire aussi que ces feux, qui étaient un progrès sous Gustave-Adolphe, qui commençaient à devenir exagérés sous Frédéric II, sont aujourd'hui contraires à l'esprit des manœuvres et de la tactique modernes ? Leur suppression serait tout à l'avantage des feux individuels qu'on pourrait ainsi porter à 28 séances. Ce chiffre est le plus faible auquel on doive s'arrêter pour l'instruction des hommes ; mais on pourrait déjà espérer des progrès réels, impossibles aujourd'hui par suite du petit nombre de séances et de l'intervalle qui les sépare nécessairement afin de donner de l'uniformité à l'instruction.

Après les feux individuels viennent les feux de tirailleurs. L'ancien règlement ne les prescrivait pas ; c'est-à-dire qu'on négligeait d'enseigner aux hommes le genre de tir qui doit leur être le plus familier. L'école des tirailleurs et les tirs individuels ne suffisent pas pour instruire le soldat ; il faut qu'il ait pu se rendre compte de la valeur des feux exécutés dans une circonstance donnée ; qu'il comprenne par expérience le soin qu'il doit apporter à appliquer des principes qui lui sont connus, mais que rendent difficiles la marche en avant et en retraite et les accidents de terrain. Il est probable que si l'ancien règlement ne prescrivait pas ces feux, ce n'était pas que ses auteurs n'en eussent pas compris l'importance, mais parce qu'on supposait avec raison que le terrain mis à la disposition des corps ne se prêterait que très-imparfaitement à ce genre de tir pour lequel il faudrait laisser aux hommes une grande latitude. Néanmoins les feux de tirailleurs forment le complément le plus indispensable de la pratique du tir, qui vient en quelque sorte se résumer sur eux.

VI

A la justesse de l'arme, aux méthodes d'instruction, à la pratique du tir, il faut ajouter un quatrième élément essentiel, l'émulation parmi les hommes.

Le tir doit être pour eux, non pas un exercice ennuyeux, fatigant comme les autres, auquel il faut satisfaire par force, mais un jeu d'adresse, une question d'émulation, d'amour-propre. Pour les amener naturellement à ces dispositions, on ne saurait trop multiplier les moyens.

Le règlement prescrit dans ce but les prix de tir.

Ils sont de deux sortes : 1° ceux que l'on donne d'après le nombre de balles mises dans l'année; 2° ceux que l'on donne aux concours d'adresse. Les uns et les autres sont répartis sans distinction de bataillon ni de compagnie. Pour qu'un homme soit admis au concours, il faut qu'il se trouve parmi les 50 premiers tireurs du régiment. Il n'y a donc en réalité que des prix de régiment, et il peut se faire, comme l'observe la théorie, que le même bataillon ou la même compagnie réunissent tous les prix ou la majorité des prix.

C'est à ce fait qu'il faut attribuer le peu d'émulation qu'excite généralement une institution excellente en principe, mais dont l'application me semble défectueuse.

Il ne suffit pas en effet de faire ressortir ceux qui se sont distingués par leur adresse et qui ont mérité des prix; il faut encore que l'on arrive à faire regretter aux autres de n'en pas avoir. Pour qu'il y ait émulation, il faut au moins que chaque homme puisse voir, comparer ce que font ses camarades; l'amour-propre et le désir d'avoir une récompense le poussent alors à faire aussi bien qu'eux. Or, dans un régiment les hommes ne se connaissent guère. Qu'ils soient mauvais tireurs et n'aient pas de prix, peu leur importe, parce qu'ils ne sont pas remarqués; ils sont perdus dans le grand nombre, puisque tous ont concouru pour obtenir les mêmes prix. Pendant la série des exercices de tir ils ne pensent guère aux récompenses que l'on donne d'après le classement général; les officiers eux-mêmes leur en parlent fort peu, parce qu'il leur est impossible de se rende compte des tirs individuels des autres compagnies; chacun est étranger à ce qui se passe à côté de lui, et personne ne peut juger de ses chances à obtenir une récompense.

Comment donc se produirait l'émulation? C'est à peine si l'on veille à ce que les résultats du tir de chaque homme ne donnent lieu à aucune réclamation. A quoi bon s'en préoccuper? Que feront quelques balles de plus ou de moins à la compagnie? Ce serait un bien grand hasard si tel ou tel homme devait obtenir un prix auquel prétendent tous les hommes du régiment. Chacun se dit les mêmes raisons; officiers et soldats s'en rapportent à la chance, et une fois cet élément admis dans la proportion qu'on veut bien lui accorder, autant vaut dire qu'on prend peu de souci du tir à la cible.

Cette indifférence n'existerait plus si l'on établissait des prix de compagnie.

La compagnie est la dernière unité où viennent se résumer l'instruction et la valeur du soldat. C'est la plus petite fraction qui doive avoir un certain esprit de corps; là seulement l'homme est en contact direct avec ses camarades : son éducation s'est faite au milieu d'eux. Il sait quand ils font bien ou mal, parce que dans une compagnie il n'y a qu'un petit nombre d'hommes qui tous se connaissent. L'émulation, impossible à obtenir parmi les 1500 hommes du régiment, est chose naturelle parmi les 100 hommes qui d'ordinaire composent une compagnie. Le soldat chercherait donc à obtenir un prix comme toute autre faveur, et de plus il craindrait d'être trop inférieur à ceux qui en ont obtenu. Les officiers, chargés de donner eux-mêmes un prix au meilleur tireur de leur compagnie, s'intéresseraient bien plus aux tirs individuels de toute l'année. Ils auraient sur leurs hommes une action directe et sûre qui n'existe pas aujourd'hui pour le tir.

Je puis citer à l'appui de ce que j'avance ce qui se passe dans bien des cas où les officiers sentent la nécessité d'augmenter la bonne volonté de leurs hommes en récompensant les bons tireurs de leur compagnie par des exemptions de corvées, des permissions ou par une gratification en argent. N'est-ce pas là le principe même des prix de compagnie?

Les mêmes raisons me conduisent à demander qu'on institue des prix de bataillon et de régiment. Les hommes qui auraient obtenu le prix de leur compagnie seraient admis à concourir pour le prix de leur bataillon, et les prix de bataillon pour le prix de régiment.

Rien n'empêcherait dans un corps d'armée ou dans un camp d'instruction de donner des prix de brigade et de division.

L'émulation se trouverait donc parfaitement établie, progressivement si je puis dire, dans toutes les unités petites ou grandes ; elle augmenterait avec l'importance de l'unité à laquelle est accordé le prix, et à coup sûr chacune d'elles pourrait mesurer son adresse et redouter la supériorité des autres. J'ai la conviction qu'en adoptant cette répartition des prix on ne tarderait pas à constater un progrès sensible dans les résultats du polygone, par la raison que tous les hommes seraient intéressés à bien faire.

Une fois qu'on aurait établi un prix par compagnie, chaque séance de tirs individuels deviendrait un concours où il serait plus que jamais nécessaire de constater avec une grande exactitude les résultats des efforts et de l'adresse de chaque homme. Or, je ne crois pas qu'avec la méthode actuelle il soit possible d'arriver à cette exactitude. Le règlement ne parle pas d'un cas qu'il considère sans doute comme inadmissible, mais qui se présente fréquemment : c'est celui où le sous-officier observateur signale plus de balles que l'on n'en constate sur la cible après le tir. Il faut alors enlever à quelques hommes une ou plusieurs balles qu'ils croyaient avoir mises, jusqu'à concurrence du nombre vérifié par l'officier de tir. Il est impossible de faire cette correction avec justice. Le sort seul peut décider. Pense-t-on que cette manière d'opérer entretienne une grande émulation parmi les soldats ? Comment leur parler de l'importance du tir quand on en met si peu à donner à chacun ce qui lui est dû ?

On ne peut espérer de donner aux tirs individuels l'importance d'un concours en relevant en masse toutes les empreintes des balles de la compagnie : il faut constater le tir de chaque homme aussitôt qu'il l'a exécuté.

Pour que cette opération n'entraîne pas une perte de temps qui ferait durer outre mesure les exercices de tir, il suffit de partager la compagnie en plusieurs groupes et de donner à chacun d'eux une cible. Il y en aurait ainsi 3, 4 ou 5 suivant le nombre d'hommes, les dimensions de la butte et les ressources du matériel; dans chaque groupe on numérote les hommes, et les mêmes numéros tirent en même temps. Lorsque la série des numéros 1 a exécuté son tir, on fait cesser le feu ; à ce signal, le sous-officier placé à la butte compte rapidement dans les cibles confiées à sa surveillance les empreintes des balles et fait successivement connaître par autant de coups de baguette ou de coups de langue qu'il y a d'empreintes de balles le résultat du tir de chaque homme. La série composée de tous les numéros 2 tire de même, et ainsi de suite jusqu'au dernier numéro de chaque groupe.

J'ai fait appliquer cette méthode à plusieurs compagnies composées en moyenne de 60 hommes, et chaque fois j'ai constaté son influence sur le tir. La différence dans les résultats était au moins de 12 pour cent en faveur de la méthode appliquée.

A quelle cause doit-on l'attribuer si ce n'est à l'émulation? Les mauvais tireurs eux-mêmes craignent bien plus le blâme ou le ridicule lorsqu'ils tirent leurs 6 balles de suite que lorsqu'ils mettent un assez long intervalle entre chaque coup; ici ils ne sont pas remarqués, là ils sont sûrs de l'être. En outre il est bien plus facile aux hommes de corriger leur tir : les observations des officiers leur sont bien plus profitables. Enfin ils sont sûrs de l'exacte inscription des résultats de leur tir, constatés devant tous leurs camarades sans aucune chance d'erreur.

En se servant de 4 cibles, il a fallu en moyenne une heure et 25 minutes, c'est-à-dire 25 minutes de plus qu'avec la méthode actuelle. Il n'y a pas lieu de tenir compte de cette faible augmentation dans la durée en présence des avantages qu'on en retire. Les tirs individuels ne subissent aucune de ces modifications qui font regarder aux hommes presque comme arbitraires les résultats de leurs tirs à la cible.

L'émulation due aux prix de tir demande encore à être soutenue par l'éducation du soldat dans les compagnies.

N'est-ce pas là qu'il apprend, sous l'impulsion de ses officiers, tout ce qui compose son métier, soit en garnison, soit à la guerre ? Son raisonnement et ses idées se conforment peu à peu à ce qu'il entend dire journellement, et il finit par donner une attention toute particulière aux choses qu'on l'habitue à regarder comme très-importantes pour lui. C'est donc par leurs observations, leurs encouragements fréquemment répétés, que les officiers peuvent amener les hommes à apporter dans le tir tout le soin, tout l'amour-propre que réclame cette partie du service.

VII

Pour que les officiers puissent diriger leurs hommes dans la pratique du tir, il faut qu'eux-mêmes soient bien pénétrés de son importance. Le règlement prescrit à cet égard des conférences spéciales, destinées à développer les principes généraux du tir; seulement, on n'a consacré qu'une seule leçon à l'historique très-succinct des armes, et je crois que c'est là ce qui devrait être l'objet principal du cours fait aux officiers.

En effet, on ne rend une science intéressante, on n'en fait comprendre les progrès qu'en insistant sur son origine, la découverte des principes sur lesquels elle s'appuie, les modifications successives que l'expérience a fait naître dans l'application de ces principes. Pour exciter chez les officiers l'intérêt que l'étude des armes à feu doit avoir réellement pour eux, il ne faut pas se borner à un enseignement théorique aride, stérile par le peu d'importance qu'y attachent ceux auxquels il s'adresse et qui le regardent généralement comme une corvée du métier. Mais il serait nécessaire de faire l'histoire de l'origine des armes à feu, de leurs perfectionnements, en faisant ressortir surtout les changements pour ainsi dire parallèles qu'a subis la tactique.

En montrant l'influence toujours croissante des armes à feu depuis leur invention, en citant les noms, les faits des généraux qui, par un heureux emploi de ces armes, ont mis la victoire de leur côté, on aura par cela même montré l'importance des nouvelles armes ; on parviendra à faire aimer leur étude, bien plus sûrement qu'en exposant périodiquement chaque année deux ou trois principes relatifs à la ligne de mire et à la nomenclature de l'arme.

En résumé :

1° Faire de l'instruction sur le tir une des parties de l'école du soldat ;

2° Décentraliser l'instruction du tir, pour que tous les officiers puissent diriger leurs hommes ;

3° Ne plus faire mettre la baïonnette au canon pour les exercices de tir ;

4° Augmenter le nombre des séances de tirs individuels ;

5° Établir des prix de compagnie, de bataillon, de régiment ;

6° Supprimer une partie des conférences des officiers et les remplacer par l'histoire des progrès des armes.

Telles sont les modifications qui me semblent propres à relever dans l'infanterie l'étude et la pratique du tir.

VIII

Il me reste à dire un mot des perfectionnements vers lesquels tendent les efforts du calcul et de l'expérience.

Je n'entrerai pas pour cela dans des considérations théoriques sur toutes les propriétés balistiques des armes : il me suffira de parler d'une seule, la tension de la trajectoire.

J'ai insisté sur les inconvénients d'un but en blanc trop rapproché de l'arme, tel qu'il existait dans l'ancien fusil lisse : même avec une certaine justesse, l'arme peut être médiocre à la guerre, à cause de la multiplicité des règles de pointage.

Si, au contraire, la trajectoire est très-tendue, le but en blanc sera plus éloigné, et quelle que soit la position de l'ennemi entre le tireur et ce point, on n'aura qu'à le viser directement pour l'atteindre ; mais encore je ne considère comme réels les avantages d'un but en blanc éloigné, que dans certaines limites, qui dépendent, ainsi que je l'ai expliqué, de conditions étrangères aux propriétés de l'arme.

Pour augmenter la tension de la trajectoire, deux moyens se présentent.

Le premier consiste à augmenter le poids de la charge et du projectile ; mais il n'est pas possible d'y songer pour le fusil d'infanterie, dont la balle vient récemment d'être portée de 32 à 36 grammes ; le recul deviendrait intolérable, le poids des munitions excessif. On ne peut pas élever plus qu'il n'est le cran de mire, car alors les élévations de la trajectoire au-dessus de la ligne de mire rendraient au pointage des difficultés analogues à celles que l'on veut supprimer en reculant le but en blanc.

Le deuxième moyen repose sur l'usage des armes de petit calibre, dont les projectiles offrent une surface très-faible à la résistance de l'air et peuvent sans inconvénients conserver la longueur nécessaire à la justesse.

M. le lieutenant-colonel Nessler a déterminé un modèle de fusil du calibre de 15 millimètres, surpassant, comme justesse et comme tension de trajectoire, les meilleures armes qui aient été expérimentées en France. Les tirs exécutés au camp de Châlons, en 1863, par des chasseurs du 17e bataillon, auront montré la puissance de cette arme de petit calibre ; les moyennes réunies des feux de deux rangs à 400 mètres, et des feux de tirailleurs de 700 à 200 mètres, ont donné comme dernière expression 64 pour cent ; environ 20 pour cent de plus que la carabine de chasseurs, tirée dans les mêmes conditions.

Il est regrettable qu'après avoir mis ces armes entre les mains des tireurs, l'adoption ne puisse pas faire suite à l'expérience, et qu'il faille les mettre de côté pour revenir encore aux armes ordinaires. Mais l'énorme quantité de fusils et de carabines du calibre actuel qui remplissent nos arsenaux, ne permettra peut-être pas de réaliser d'ici à longtemps les progrès effectués dans la science des armes.

Là ne se sont pas bornés les efforts des inventeurs et les recherches des commissions.

On a voulu appliquer aux armes de guerre un système adopté depuis longtemps pour les armes de chasse : je veux parler des armes se chargeant par la culasse.

Outre les avantages des armes de petit calibre, elles procurent un chargement plus facile, indépendant de la négligence et de la maladresse des hommes, un forcement complet, régulier et toujours assuré. Elles permettent l'usage des projectiles pleins, dont la supériorité sur les projectiles expansifs est incontestable : ils ne sont pas sujets, comme ces derniers, à la déformation, à la difficulté du coulage, aux accidents qui en sont la conséquence et par suite à l'irrégularité du tir.

On est arrivé à des modes d'obturation parfaits, simples, solides. La question des armes se chargeant par la culasse est même si avancée, qu'elles ont eu aussi leur part des expériences de 1863. Le 34e de ligne a été chargé d'expérimenter plusieurs fusils des systèmes Manceaux et Chassepot, qui réunissent dans les meilleures conditions les perfectionnements apportés aux armes à culasse mobile.

Malheureusement, là comme dans les inventions qui séduisent par les brillants résultats qui n'existent que dans l'imagination de leurs partisans exclusifs, on s'était plu à exagérer la rapidité de tir des armes se chargeant par la culasse. Avant de peser avec soin les causes qui peuvent la diminuer, on portait jusqu'à 5 et 7 le nombre de coups tirés par minute. On oubliait que le bras gauche du tireur supportait constamment le poids de l'arme dans la charge et dans le tir; et que dans un feu prolongé, la fatigue excessive qui en résulte, forcerait le tireur à se reposer; tandis que dans le chargement par la bouche, la fatigue se répartit lorsque le soldat passe l'arme à gauche, qu'il prend la cartouche et qu'il bourre.

Aussi l'expérience enleva quelques illusions, quand elle montra la vitesse du tir au plus égale à celle des armes se chargeant par la bouche, c'est-à-dire un coup 1/3 par minute ; on avait tiré 50 cartouches de suite dans les deux espèces d'armes ; après le vingtième coup, les hommes munis d'armes Manceaux et Chassepot furent obligés de suspendre le feu ; pendant le tir des 50 cartouches, ils se reposèrent trois ou quatre fois.

On fut donc tenté de déprécier les systèmes expérimentés ; on attaqua le principe même des armes se chargeant par la culasse avec autant de rigueur qu'on avait mis d'enthousiasme à les préconiser. Quoi qu'il en soit, ces armes ne doivent pas perdre pour cela leurs avantages réels. Pourquoi n'apprendrait-on au soldat à se servir indifféremment du bras droit ou du bras gauche pour supporter l'arme ? On supprimerait ainsi la seule cause qui influe sur la rapidité du tir.

D'ailleurs, ce tir prolongé de 50 cartouches doit-il être regardé comme l'expression absolue de ce que peuvent faire ces armes ? Arrivera-t-il jamais à la guerre que le soldat ait 50 cartouches de suite à brûler ? Je crois qu'il n'est pas nécessaire de pousser les choses aussi loin.

Mais que l'on considère seulement les huit ou dix premiers coups, la fatigue ne se manifeste pas encore; le soldat peut donner au tir toute la rapidité que comporte son arme, et il arrive aisément à trois coups au moins par minute. Ces coups une fois tirés, qu'importe la vitesse des autres ? Je ne pense pas que, dans un moment critique, pour repousser la cavalerie par exemple, on ait besoin de brûler plus de huit ou dix cartouches de suite par homme.

C'est là qu'il faut voir l'énorme avantage des armes à culasse mobile ; cette seule considération doit suffire pour ramener plus que jamais à l'étude des armes qui, tôt ou tard, sont appelées à devenir d'un usage général à la guerre.

Tel est le point où on est aujourd'hui.

Qu'y a-t-il d'impossible à la science, quand on jette un coup d'œil rétrospectif sur ce qui s'est fait dans les armes depuis quelques années?

Les inventions, surtout en ce qui touche à la guerre, sont toutes en faveur de celui qui les applique le premier; ce moment passé, l'équilibre se rétablit jusqu'à une invention nouvelle.

www.ingramcontent.com/pod-product-compliance
Ingram Content Group UK Ltd.
Pitfield, Milton Keynes, MK11 3LW, UK
UKHW022139190726
13855UKWH00003B/1240